AF563991

LE DÉMÉNAGEMENT DU SALLON, OU LE PORTRAIT DE GILLES,

COMÉDIE-PARADE

EN UN ACTE ET EN VAUDEVILLES,

Par les CC. LEGER, CHAZET, EM. DUPATY et DESFOUGERAIS.

Représentée, pour la première fois, sur le Théâtre du Vaudeville, le 25 Vendémiaire, an 7.

Prix 1 Franc 50 centim. avec la Musique.

A PARIS,

Chez le Libraire au Théâtre du Vaudeville.

A l'Imprimerie rue des Droits-de-l'Homme, N°. 44.

An VII°.

PRÉFACE, AVIS, AVERTISSEMENT,

POST-SCRIPTUM,

Tout comme on voudra.

On s'attendait, dit-on, à trouver dans cette *bluette* la nomenclature totale des ouvrages exposés au Sallon. Comme un vaudeville n'est pas un catalogue de marchand de tableaux, nous avons cru devoir nous en dispenser. Le couplet d'annonce chanté avant la première représentation, a prévenu l'objection. Ainsi n'en parlons plus.

Quelques personnes nous ont reproché d'avoir donné beaucoup plus à l'éloge qu'à la critique. Le reproche est juste, mais nous nous le sommes attiré sciemment et en connaissance de cause.

Dans un moment où, malgré les soins d'un Ministre littérateur, les arts semblent plongés dans la plus affligeante stagnation, parce que ceux qui possèdent aujourd'hui les richesses (comme l'a dit fort judicieusement *Andrieux*, dans un rapport fait à l'Institut,) *n'aiment les arts ni par goût ni par ton*, et mettent le talent de leur cuisinier fort au-dessus des sublimes productions de *Raphaël* et *du Corrège ;* eût-il été fort décent de porter le découragement dans l'ame des artistes qui font tous leurs efforts pour en retarder la décadence ? Nous ne le croyons pas.

Si nous nous sommes permis quelques traits de critique, nous avons toujours eu l'intention de le faire sans fiel, sans amertume, et en nous tenant dans les bornes de la décence. Mais avec quelle douce satisfaction nous avons vu le public sanctionner, par des applaudissemens unanimes, le tribut d'éloges que nous avons payés au pinceau de *Vincent*, *Ysabey*, *Giraudet*, *Gerard*, *Boily*, de Mad. *Chaudet*, et autres artistes distingués ! Si dans cette partie de notre ouvrage, nous sommes restés au-dessous de notre sujet, nous pouvons assurer du moins qu'il n'en est aucune que nous ayons écrite avec plus de plaisir.

Mais, dira-t-on, il était assez inutile de faire une pièce pour louer ou critiquer une douzaine de tableaux. Cela est vrai, et d'autant plus vrai, qu'il est impossible de se figurer toutes les peines que nous avons eues pour la faire jouer....

D'abord parce que . . . .
. . . .
. . . .
. . . .

Ensuite parce que . . . .
. . . .
. . . .
. . . .
. . . .

Cela ne paraît pas fort clair; mais il nous sera peut-être permis, quelque jour, de donner le mot d'une énigme qui n'est pas inintelligible pour tout le monde. C'est ce que peut assurer le cit. G....., rue des SS. Pères.

PERSONNAGES.	ARTISTES. CC. et Cnes.
CASSANDRE.	*Lenoble.*
ARLEQUIN.	*Laporte.*
GILLES.	*Leger.*
COLOMBINE.	*Sara.*
LE PORTIER.	*Carpentier.*
QUELQUES OUVRIERS.	

La Scène se passe sur la place du Muséum, à côté du Caffé de M. Cassandre.

COUPLET D'ANNONCE.

AIR : *Vaudev. de l'Afficheur.*

On ne saurait en peu de mots
A chaque auteur rendre justice,
Ni renfermer tant de tableaux
Dans une aussi légère esquisse.
Mais si l'ouvrage est imparfait,
Du moins le connaisseur habile
Reconnaîtra plus d'un portrait
Dans le portrait de Gille.

LE DÉMÉNAGEMENT DU SALLON, OU LE PORTRAIT DE GILLES,

COMÉDIE-PARADE.

SCENE PREMIERE.

LE PORTIER, ARLEQUIN.

LE PORTIER.

PARDON, nous causerons plus long-tems une autre fois ; mais aujourd'hui j'ai tant de choses à faire !

ARLEQUIN.

Le portier du sallon a beaucoup d'ouvrages le jour du déménagement. Ça n'en finissait pas ce matin : c'était vraiment curieux sur votre escalier.

AIR : *Vaudev. de l'Isle des Femmes.*

J'ai vu descendre des vaisseaux,
J'ai vu descendre des campagnes,
Des hommes et des animaux,
Des cathédrales, des montagnes.
Enfin, par-dessus des forêts,
Entre le soleil et la terre,
J'ai vu passer, sur des crochets,
Le Pont-neuf avec la rivière.

LE PORTIER.

Et cependant je ne suis pas au bout : j'ai encore cette Vénus en relief (*a*).

ARLEQUIN.

Je ne lui en ai pas trouvé beaucoup.

LE PORTIER.

Ce n'est pas sa faute.

AIR : *De la Croisée.*

Employant des ciseaux hardis
Pour faire la Vénus pudique,
Praxitèle avait pris jadis
Pour modèle, une grecque antique ;
Mais on voit à l'air radouci
De la déité subalterne,
Que pour modèle on n'eut ici
Qu'une grecque moderne.

ARLEQUIN.

Vous avez beaucoup d'objets précieux ?

LE PORTIER.

Certainement.

ARLEQUIN.

Sur-tout, ayez bien soin de cette jolie petite barque (*b*) qui a fait tant de plaisir à tout le monde.

LE PORTIER.

Soyez tranquille.

ARLEQUIN.

Quel charmant ouvrage !

AIR : *Ma barque légère* (de la Rosière.)

La bar-que lé-ge-re Por-te les en-fans,

(*a*) La statue de Vénus en pied, N°.
(*b*) Le portrait d'Ysabey et de sa famille.

La mè-re, le pè--re, Et tous ses ta-lens; Sa tou-
che pi-quan-te, Son crayon heu-reux, Main-te œu-vre charmante, L'au-teur a-vec eux. Au séjour des Grâ-ces La barque s'en va, En suivant leurs tra-ces, Il l'a-me-na
Et bra-vant l'o--ra--ge, Sans peine
et sans soin, Sa bar-que, je ga-ge, Le me-ne-ra
loin, Et bra-vant l'o-ra-ge, Sans peine et sans soin, Sa barque,
je gage, Le mene-ra loin, Sa barque, je ga-ge, Le menera loin.
Sa barque, je gage, Le mene-ra loin, Le mene-ra loin, Le mene-
ra loin. Et bra-vant l'o-ra--ge, Sans peine et sans

LE PORTIER.

Je réponds de celui-là.

ARLEQUIN.

A propos, la statue de Gilles est-elle passée?

LE PORTIER.

Pas encore : nous attendons que M. Cassandre se trouve là ; et puis elle n'est pas arrangée ; (*montrant un pantalon*,) mais je l'apporte là en détail. Voilà le corps, les pieds, les bras. Vous voyez que Gilles n'est pas un artiste comme un autre.

ARLEQUIN.

Je savais déjà son secret.

LE PORTIER.

Sans cela je ne vous en aurais pas parlé.

ARLEQUIN.

D'ailleurs, vous pouvez compter sur ma discrétion. Ah ça, il croit donc M. Cassandre bien bête, pour lui tendre un pareil piège? Tout limonadier qu'il est, c'est pourtant un fier amateur.

LE PORTIER.

Cela se voit à son enseigne *au Caffé des Arts*, sur la place du Louvre, à la porte du Muséum.

ARLEQUIN.

C'est là que se rassemblent les amateurs.

LE PORTIER.

C'est delà aussi que nous tombe cette nuée de censeurs ridicules qui nous assiègent là-haut.

ARLEQUIN.

Il en vient donc beaucoup ?

LE PORTIER.

Que trop.

ARLEQUIN.

Cela doit bien vous amuser?

LE PORTIER.

M'amuser!

AIR : *De la Parole.*

J'entends toujours en enrageant
Ces connaisseurs sans connaissance,
Qui critiquent d'un ton tranchant
Pour se donner l'air d'importance.
D'après leurs goûts extravagans,
Toutes les ombres sont trop claires:
D'autres encor plus ignorans (*bis.*)
Voudraient obscurcir (*bis.*) les lumières.

ARLEQUIN.

C'est trop juste.

LE PORTIER.

Ce n'est pas encore là ce qui me fâche le plus.

Même Air.

Certain critique original
Des arts voulant ternir la gloire,
Naguère dans plus d'un journal,
Proscrivit les tableaux d'histoire.
A ces tableaux ce visigot
Préfère un gigot en peinture.

ARLEQUIN.

Il n'a pas de goût cet homme-là.

Si je préférais un gigot, (*bis.*)
Ce serait du moins (*bis.*) en nature.

LE PORTIER.

Ah ça, le tems se passe, et mes affaires m'appellent là-haut. Vous attendez ici Mlle. Colombine; je vous quitte.... Nous nous reverrons; serviteur. (*Il sort.*)

SCENE II.

ARLEQUIN, *seul.*

L'AVIS que j'ai su en tirer sur Gilles, sans qu'il s'en doute, vaut bien la bavaroise que je lui ai payée. Je vais donc faire connaissance aujourd'hui avec Colombine.... Il me semble que je l'aime déjà.... Oh! j'espère bien la toucher aussi, sangodémi. Aiguisons d'abord mes armes : j'aurais pu emprunter une des flèches de cet amour que j'ai vu au Sallon.... Mais, bah! (*Il prend la posture du tableau n°.*)

AIR : *Du pas redoublé.*

Le Remouleur qu'on voit là-haut,
Quoiqu'il soit mon modèle,
Aux yeux n'offre pas ce qu'il faut
Pour séduire une belle.
Si je n'avais que le secours
De sa flèche mesquine,
Je renoncerais pour toujours
A blesser Colombine.

Ce grand Cupidon, sans vigueur,
En effleurant sa pierre,
En deux mois n'aura fait au cœur
Qu'une atteinte légère.
Avec force aiguisant le bout
De ma batte assassine,

Moi, je prétends, du premier coup,
Achever Colombine.

On vient.... C'est peut-être elle.... Non.... ce n'est que Gilles.

SCENE III.

GILLES, ARLEQUIN.

ARLEQUIN.

BONJOUR, Gilles; toujours de mauvaise humeur?

GILLES.

Oui.

ARLEQUIN.

Cela ne se passe pas.

GILLES.

Non.

ARLEQUIN.

Vous venez, sans doute, de votre atelier?

GILLES.

Oui.

ARLEQUIN.

Nous préparer quelque nouveau chef-d'œuvre?

GILLES.

Cela ne te regarde pas.

ARLEQUIN.

Tu as le ton bien brusque aujourd'hui.

GILLES.

C'est mon ton.

ARLEQUIN.

A qui diable en voulez-vous donc ?

GILLES, *avec colère.*

A qui j'en veux ! Appeller mes tableaux des croûtes ! refuser d'exposer mes ouvrages !

ARLEQUIN.

Il est vrai qu'on rend si peu de justice au mérite.

GILLES.

Heureusement j'ai la critique pour m'en venger, et il y a de quoi ; il n'y avait seulement pas le plus petit ordre dans leur sallon.

ARLEQUIN.

C'est qu'on ne t'a pas consulté.

GILLES.

Oh ! je m'en serais mieux tiré.

AIR : *La comédie est un miroir.*

C'est bien sur-tout pour les portraits
Que j'aurais fait à ma manière
Placer chacun avec succès
Selon son petit caractère :
Les grands hommes, au premier rang,
Les petits, loin de la lumière,
De côté, plus d'un important,
Et les gens de rien, terre à terre.

J'aurais mis les fous, au grand jour,
Les sages, dans la demi-teinte,
Les gens du bel air, dans la cour,
Et les mécontens, vers la plinthe,
Les parvenus, sur l'escalier,
Et, comme la raison le porte,
Les bas valets, sur le pallier,
Et les intrigans, à la porte.

ARLEQUIN.

Voilà ce qui s'appelle mettre chaque chose à sa place.

GILLES.

Bah ! j'en aurais bien d'autres à dire sur les tableaux, si je voulais.

ARLEQUIN.

Comment veux-tu en juger ? le tems n'est pas favorable pour la peinture.

AIR : *Vaudeville d'Abuzar.*

Lorsque nous touchons à l'hyver,
Comment juger de tels ouvrages ?
Presque jamais le tems n'est clair,
Le ciel est couvert de nuages.
En vain l'on cherche un horizon
Exempt d'une vapeur légère :
Si l'on rencontre un beau rayon,
Le beau-fixe ne se voit guère.

GILLES.

Est-ce qu'un artiste comme Gilles a besoin du tems pour juger des choses ? J'ai des yeux, peut-être.

Même Air.

Je vois des tableaux barbouillés,
Toutes les teintes confondues,
Tous les sujets entortillés,
Toutes les nuances perdues ;
De l'effet, mais point de ressort ;
De l'esprit, mais peu de génie ;
En quelques endroits de l'accord,
Mais nulle part de l'harmonie.

ARLEQUIN.

Cela viendra. Tu es trop difficile.

GILLES.

L'injustice que l'on m'a faite m'en donne le droit ; mais, ce qui me console, c'est qu'il y a encore de vrais connaisseurs, des gens de goût. M. Cassandre, chez lequel je viens prendre régulièrement ma demi-tasse et mon petit verre.... il sait tout ce que je sais.

ARLEQUIN.

Voilà un homme bien instruit.

GILLES.

Il saura apprécier mes talens, et Mademoiselle Colombine aussi. Vous ne la connaissez pas, Mademoiselle Colombine ?

ARLEQUIN.

Je l'ai bien vue chez son père ; mais ce n'était pas elle, ce n'était que son portrait.

GILLES.

Oh ! si vous saviez quelle fille c'est ! comme elle vous sert une tase de café !

ARLEQUIN.

Au lait ?

GILLES.

Elle vous servira ; elle est revenue hier de la campagne.

ARLEQUIN.

Et où est-elle ?

GILLES.

(*à part.*) Je l'attends ici ; il me gênerait.... (*haut.*) Elle est peut-être au sallon pour profiter du dernier moment.

ARLEQUIN.

(*à part.*) Je m'en vais aussi en profiter du dernier moment.... (*haut.*) Adieu, Gilles, l'année prochaine vous serez plus heureux, ou plus habile.

GILLES, *le reconduisant.*

Je n'irai pas plus loin.

SCENE

SCENE IV.

GILLES, *seul.*

VAs chercher Colombine au sallon, elle est chez elle. Heureusement que je ne serai pas obligé de passer au jury pour l'épouser... J'ai pourtant vu l'heure où ma petite mésaventure refroidissait terriblement le beau-père. Je lui ai promis de lui faire voir mon portrait de plâtre moulé en pied de ma main ; je lui ai fait croire que, n'ayant pas été exposé, il était resté dans les magasins. Il ne se doutera pas de ce que c'est que ce portrait : comme il n'y voit pas, il sera frappé de la ressemblance : je ne ferai que passer ; il ne s'appercevra pas de ma ruse, et me voilà d'emblée le mari de Colombine. . . . que voilà.

SCENE V.

GILLES, COLOMBINE.

GILLES.

MADEMOISELLE ! Mademoiselle !

COLOMBINE.

Ah ! c'est vous, Gilles.

GILLES.

Je suis bien fâché de n'avoir pas pu vous attendre pour déjeûner ce matin ; j'y ai beaucoup perdu.

COLOMBINE.

Et comment cela ?

GILLES.

AIR : *Des Visitandines.*

Servi par votre main jolie,
Tout café devient du moka,
Le thé, sans lait, de l'ambroisie,
Le cidre se change en muscat. (*bis.*)
Vous régnez si bien sur mon âme,
Qu'auprès de vous perdant l'esprit,
Le punch au rack me rafraîchit,
Et la limonade m'enflâme.

COLOMBINE.

Je ne croyais pas faire tant d'effet.

GILLES.

Ah ça, vous avez été hier au sallon?

COLOMBINE.

Ah ! mon dieu, oui.

GILLES.

Vous avez tout vu ?

COLOMBINE.

Oh ! mon dieu, oui.

AIR : *Nous sommes précepteurs.*

Bien des tableaux du même goût :
Et cette uniformité cause,
Que l'œil se promène par-tout,

GILLES.

Et s'arrête sur peu de chose.

COLOMBINE.

Vos ouvrages y sont, sans doute ?

GILLES.

(*à part.*) Laissons-le lui croire; elle critiquera, cela m'amusera. (*haut.*) Vous n'avez donc pas reconnu ma touche?

COLOMBINE.

Je l'ai soupçonnée quelquefois.

GILLES.

Et comment avez-vous trouvé tout ce qui est là-haut?

COLOMBINE.

AIR : *Cet arbre apporté de Provence.*

Les prisons, c'est toujours *trop sombre;*
Tous nos petits hommes, *grandis;*
Les animaux, ceux la *font nombre*,
Et nos grands talens, *trop petits:*
Les étoffes, bien *décousues*,
Les costumes, bien *degarnis*,
Les paysages, faits *sans vues*,
Et les cadres, bien *peu remplis.*

GILLES.

Ah! pouvez-vous dire ça, Mademoiselle; il n'y en a pas un seul de vuide: rien a votre goût, preuve que vous en avez un bon.

COLOMBINE.

Comment, vous ne faites pas une exception, même en votre faveur?

GILLES.

Vous voilà bien attrapée; je n'ai rien mis.

COLOMBINE.

Comment, vous n'avez rien mis?... Un moment, il y avait de fort belles choses et des morceaux dignes....

GILLES.

Oui, vous allez revenir, il n'y a plus moyen; j'espère

bien aussi que vous n'êtes pas contente du portrait de votre père par Arlequin. Allez, c'est une fière croûte. pas plus de style que dessus la main, et la physionomie bête.

COLOMBINE.

Il est très-ressemblant. Vous dites que c'est Arlequin qui l'a fait?

GILLES.

Ah! mon dieu, oui : il arrive dernièrement d'Italie avec les chefs-d'œuvres; il a débuté ici par les figures de Cassandre. Vous n'en avez pas entendu parler?

COLOMBINE.

Que par écrit.

GILLES.

Eh bien, vous ferez connaissance : allez, c'est un joli garçon.

COLOMBINE.

Vraiment!

GILLES.

AIR : *Philis demande.*

Je vais vous peindre trait pour trait
Sa figure difforme :
Il a le nez court, plat, mal fait,
Et la moustache énorme,
Le front bossu, le menton noir,
Les yeux d'une corneille,
Et la bouche grande à pouvoir
Se parler à l'oreille.

COLOMBINE.

Vous m'effrayez! quel portrait!

GILLES.

Il est flatté encore.

COLOMBINE.

On lui dit des talens.

GILLES.

La cabale; on m'en refuse. Il faut bien qu'on lui en donne. Je suis bien-aise que vous soyez revenue. Allez, Mamselle, votre absence était toujours présente à mon cœur, et je suis venu ici vous attendre tout exprès pour vous faire part d'un secret. Vous connaissez bien monsieur votre père?

COLOMBINE.

Je crois qu'oui.

GILLES.

Eh bien! figurez-vous une chose.

AIR: *Femmes, voulez-vous éprouver.*

Tout ce qu'on dit dans les romans,
Tout ce qu'on dit en comédie,
Les madrigaux, les complimens
Qu'on peut dire à sa bonne amie;
Tout ce qu'avec art, ou sans art,
Tous les amans ont pu s'écrire,
M. Cassandre, de ma part,
Se chargera de vous le dire. (*bis.*)

(*Il sort.*)

SCENE VI.

COLOMBINE, *seule.*

Le joli compliment! Pourtant si Arlequin allait ressembler au portrait que Gilles m'en fait, j'en serais fâchée; car il me semble que je penche déjà pour lui. Dans la dernière lettre de mon père, il a glissé un petit billet, pour me mander que mon portrait l'avait rendu amoureux de moi. C'est une jolie attention de sa part. J'entends quelqu'un; c'est peut-être lui.... voyons... Mais on le dit si laid.... Comment faire?.... Peut-être est-il aimable ? Oh ! la bonne idée ! Attendons, et ne le regardons pas. .. J'ai lu dans l'Histoire qu'une certaine Psyché fut de même avec un amant qui n'était pas beau.... chut !...

SCENE VII.

ARLEQUIN, COLOMBINE.

ARLEQUIN.

AIR : *De Psyché.*

JUSQU'ICI mon cœur se formait (a)
En secret,
Trait pour trait,
Le portrait
D'un objet
Plein d'attrait.
Parmi tous les Dieux, j'ai cherché,
Rapproché,
Plus touché,
J'ai penché
Pour Psyché.
Sous des traits
Aussi parfaits,
Je désirerais
Celle que j'aimerais.
Mais, vraiment,
Voilà comment
Cet objet charmant
A mon cœur est présent.
Ainsi, mon esprit se formait
En secret,
Trait pour trait,

(a) *Le charmant tableau de Psyché*, par *Gerard*. -- On prie le Lecteur d'examiner si ce couplet est une satyre, comme le C. Landon n'a pas rougi de l'imprimer.

Le portrait
D'un objet
Plein d'attrait.
Et voilà l'objet près duquel attaché,
Rapproché;
Plus touché,
J'ai penché,
C'est Psyché.

Devant la porte du café.... C'est bien elle ... Oui, je la reconnais au portrait que j'ai vu chez M. Cassandre.

AIR : *Du pas redoublé.*

Il faut d'abord, par un baiser,
Commencer l'entrevue.

Un moment.

De peur de la formaliser,
Ici point de bévue
De quel feu je suis dévoré
Quoique loin de la belle !
Par respect je me calmerai,
En me rapprochant d'elle.

COLOMBINE.

Comme il est circonspect.

ARLEQUIN.

AIR : *C'est ce qui me désole.*

Voyons, approchons doucement.
D'un air soumis, discrètement,
Offrons-nous à sa vue. (*bis*)
Pas un regard : la pauvre enfant !
Pour être auprès de son amant
N'a pas l'air trop émue.

Elle ne bouge pas.... En ce cas-là, retournons-nous d'un autre côté, et prenons une attitude qui fasse tableau.... Mademoiselle !

COLOMBINE.

Sa voix est assez douce.

ARLEQUIN.

Mademoiselle, puisque vous me permettez de me placer si près de vous.

COLOMBINE.

Je n'ai rien permis.

ARLEQUIN.

Vous n'avez pas défendu, et vous ne me défenderez pas de prendre, avec votre permission, ou sans votre permission, la liberté de vous....

COLOMBINE.

De quoi?

ARLEQUIN.

De vous embrasser.

COLOMBINE.

Vous voyez bien que je ne vous en empêche pas.

ARLEQUIN, *à part.*

C'est bien innocent.... Aussi je vais par égard seulement sur votre front...

COLOMBINE.

Sur mon front! c'est comme ça que mon papa m'embrasse.

ARLEQUIN.

Ce que c'est que la candeur!... En ce cas-là, je vais vous embrasser sur la joue.

COLOMBINE.

Comme il vous plaira.... Ciel!

ARLEQUIN.

AIR : *De la Fricassée.*

Grands Dieux! quel transport charmant!
Ah! quelle ivresse!

Quelle douce tendresse !
Grands Dieux ! quel transport charmant !
Mais regardez-moi donc un moment.

COLOMBINE.

Je crains de vous voir au jour,
Je vous le dis sans détour ;
Tout au plus au demi-jour
Je pourrais hasarder
D'oser vous regarder.

ENSEMBLE.

ARLEQUIN.	COLOMBINE.
Grands Dieux ! quel transport charmant !	Ah ! Dieux ! quel transport charmant !
Ah ! quelle ivresse !	Ah ! quelle ivresse !
Quelle douce tendresse !	Quelle douce tendresse !
Grands Dieux ! quel transport charmant !	Mais étant si laid vraiment,
Mais regardez-moi donc un moment.	Le voir nuirait à mon ravissement.

ARLEQUIN.

Quoi ! vous me refusez !

COLOMBINE.

J'ai peur de vous détester.

ARLEQUIN.

Sauriez-vous déjà comment je suis ?

AIR : *Du Pas russe.*

Pour avoir un regard, s'il vous plait,
Suis-je trop laid ?

COLOMBINE.

Trop laid !

ARLEQUIN.

Ah ! d'Arlequin fais choix,
Il n'est pas ce que tu crois.

COLOMBINE.

Tu crois !

ARLEQUIN, *à part.*

Si d'un refus nous prévoyons....

COLOMBINE.

Voyons.

ARLEQUIN.

Mais à vos yeux,
Faute d'être mieux,
Suis-je odieux !

COLOMBINE *le regarde.*

Oh ! dieux !

ARLEQUIN.

Eh bien !.... ma bonne amie.

COLOMBINE.

Comme l'on me trompait sur votre figure !

ARLEQUIN.

Elle est charmante ! je ne suis pas si diable que je suis noir.

COLOMBINE.

AIR : *Vaudeville des deux Veuves.*

Joli sourire.

ARLEQUIN.

Jolis traits.

COLOMBINE.

Maintien décent.

ARLEQUIN.

Bouche divine.

COLOMBINE.

Air dégagé.

ARLEQUIN.

Coloris frais.

COLOMBINE.

Œil fin.

ARLEQUIN.

Pied mignon.

COLOMBINE.

Jambe fine.

ARLEQUIN.

Nous nous donnons un peu d'encens....

Mais lorsque nous vantons ici,
Vous ma figure, moi la vôtre,
On sait qu'en nous louant ainsi,
Nous faisons l'éloge d'un autre.

COLOMBINE.

C'est vrai. Sans cela....

ARLEQUIN.

Maintenant que les préliminaires sont signés, songeons à notre union.

COLOMBINE.

Déjà?

AIR : *Daignez m'épargner le reste.*

Sans mon père je ne puis rien,
Il faut attendre sa présence.

ARLEQUIN.

On peut, lorsque l'on s'aime bien,
Profiter d'un moment d'absence.
J'ai vu, sans ce père, aujourd'hui
L'aurore d'un bonheur céleste;
Nous avons commencé sans lui,
Sans lui ne pourrions-nous aussi
Commencer à finir le reste. (*bis.*)

COLOMBINE.

Un moment.... tâchez d'abord de lui plaire par vos ouvrages.

ARLEQUIN.

C'est fait.... mais du moins prenez-le en ma faveur.

COLOMBINE.

Cela se fera.... Mais chut ! il revient du Sallon.

SCENE VIII.

LE PORTIER, CASSANDRE, ARLEQUIN, COLOMBINE.

CASSANDRE.

AH ! bon jour.... Ma fille, voilà M. Arlequin, l'auteur de mon portrait, que je te présente.

COLOMBINE.

Il se présente fort bien.

CASSANDRE.

Eh bien ! ma chère, tu n'es pas venue ce matin ? Je viens d'assister à l'emballage. Parbleu, voisin, vous avez eu bien du tracas aujourd'hui ?

LE PORTIER.

Je vous en réponds : je ne savais auquel entendre ; c'était comme dans votre café, tout le monde voulait être servi à la fois.

AIR : *De Joconde.*

Celui-là s'en vient à grands cris
Redemander son frère ;
L'autre redemander son fils,
Redemander son père ;
Puis une foule d'Adonis
Redemander leurs dames.

ARLEQUIN.

Est-il venu bien des maris
Redemander leurs ſemmes?

LE PORTIER.

Je les attends.

CASSANDRE.

Ah ça, voisin, maintenant que nous voilà débarrassé, vous allez entrer vous rafraîchir.

LE PORTIER.

Oh! j'ai bien d'autres affaires. Est-ce que je n'ai pas là une foule d'objets dont je n'ai pas les adresses, et dont il faut que j'aille m'informer?

ARLEQUIN.

Attendez, je vous en dirai toujours quelques-unes. Vous avez la note.

LE PORTIER.

D'abord, les Muses.... (*a*)

COLOMBINE.

Dans la galerie d'Apollon.

LE PORTIER.

Parbleu! sans doute, avec l'Agriculture (*b*); ce beau Nègre que l'on admire (*c*); ce portrait d'un père avec son fils (*d*); la jolie Toilette (*e*), et le charmant tableau de Psyché... (*f*) Mais l'Ombre d'Euridice?

CASSANDRE.

Aux Elèves de l'Opéra.

(*a*) Les Muses, par le C, *Meynier.*
(*b*) Par le C. *Vincent.*
(*c*) Par le C *Giraudet.*
(*d*) Par le C. *Barbier.*
(*e*) Par la Citoyenne *Chaudet.*
(*f*) Par le C. *Gerard.*

ARLEQUIN.

Pour achever sa passe....

COLOMBINE.

Et le jeune Cyparisse (*a*) ?

ARLEQUIN.

A la salle des Antiques. Vous ôterez la clef jusqu'à nouvel ordre.

CASSANDRE.

Ah ça ! et l'Embràsement de Troyes? C'est superbe.

ARLEQUIN.

Chez les Pompiers ...

LE PORTIER.

Les Marchés ?

ARLEQUIN.

Aux gens du Perron.

LE PORTIER.

Cette petite Fonte de neige. Ah ! celui-là, je sais.... Mais écoutez donc, en voilà d'autres bien plus intéressans....

TOUS.

Lesquels ?

LE PORTIER.

Les portraits de nos Artistes célèbres. C'est de ceux-là qu'il faut s'occuper. Oh ! oui. Tenez, vous voyez les noms.

AIR : *De la Soirée orageuse.*

Voici l'aimable prisonnier (*b*)
Dont la grace est sans ressemblance;

(*a*) Par le Cit. *Chaudet.*
(*b*) Elleviou.

Puis, au sein de leur atelier,
Les Artistes chers à la France (*a*).
Le Peintre habile, avec succès,
Par amitié servant la gloire,
Faisant un tableau de portraits,
A fait un tableau pour l'Histoire.

COLOMBINE.

N°. 372. Le Bourru bienfaisant ?.... (*b*)

ARLEQUIN.

Ils ont oublié de le mettre au n°. 1er.

COLOMBINE.

AIR : *Si Pauline*, etc.

Sur la scène quand il arrive,
C'est toujours bien comme Merval;
Toujours d'humeur légère et vive,
Amoureux toujours sans rival ;
Quelquefois misanthrope austère,
Il blâme et donne le plaisir,
Et, quoique vieux célibataire,
Il semble ne jamais vieillir.

CASSANDRE.

Le Conciliateur (*c*) ?

AIR : *De l'Afficheur.*

Dans un cercle, dans un couvent,
Tour-à-tour, sublime, agréable,
Toujours lui-même et différent,
Il offre par-tout l'homme aimable.

ARLEQUIN.

Et celui-ci, qui se rapproche de mon emploi, Figaro ?.... (*d*)

LE PORTIER.

Oh ! c'était bien lui.

(*a*) L'Attelier d'Ysabey, par *Boëly*.
(*b*) Molé.
(*c*) Fleuri.
(*d*) Dazincour.

A sa grace, à son coup-d'œil fin,
Qui pourrait ne pas reconnaître
Dans Figaro, Dubois, Crispin?
Ce valet passé maitre.

ARLEQUIN.

Et Lisbeth *(a)*, comme c'était bien elle dans son costume? Oh! comme on l'aime!... C'est tout simple.

AIR : *Des deux Hermites.*

Andante.

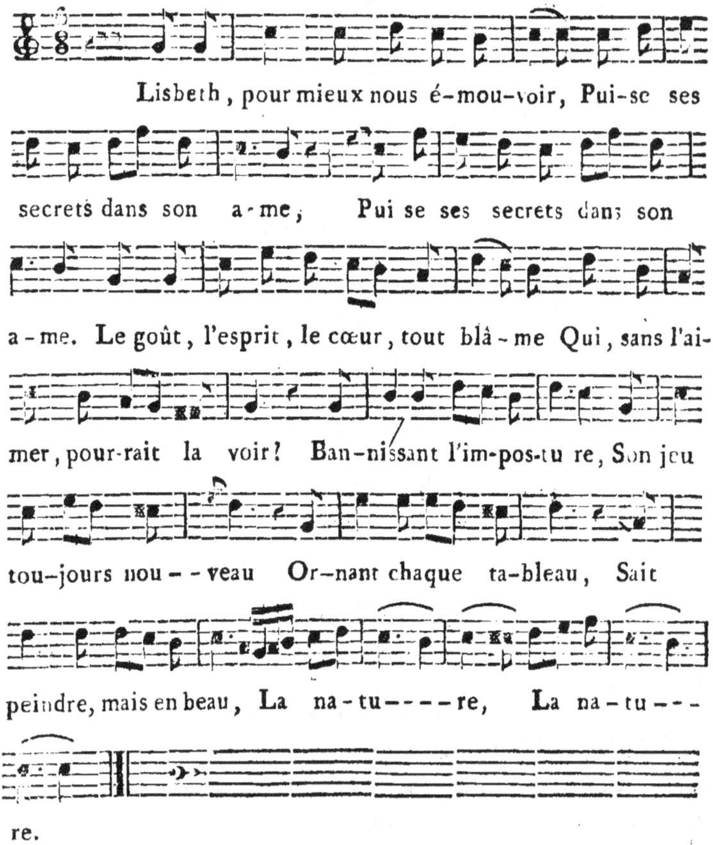

Lisbeth, pour mieux nous é-mou-voir, Pui-se ses secrets dans son a-me, Pui se ses secrets dans son a-me. Le goût, l'esprit, le cœur, tout blâ-me Qui, sans l'ai-mer, pour-rait la voir? Ban-nissant l'im-pos-tu re, Son jeu tou-jours nou--veau Or-nant chaque ta-bleau, Sait peindre, mais en beau, La na-tu----re, La na-tu---re.

(a) Mad. Saint-Aubin.

LE

LE PORTIER.

Il faut la placer dans le temple de Thalie pour y servir de modèle à présent et pour l'avenir.

TOUS.

C'est juste.

LE PORTIER.

Allons, je vais me dépêcher d'expédier mes envois de la sorte.... Vous allez voir aussi passer la statue de Gilles que je renvoye à son atelier.

CASSANDRE.

On dit que c'est un morceau superbe.

ARLEQUIN.

Qui vous a dit cela ?

CASSANDRE.

C'est lui.... Il est connaisseur dans tout ce qui regarde les Arts, et il s'entend particulièrement fort bien dans les Antiquités....

COLOMBINE.

Oui, je sais qu'il a pris tantôt le tableau d'Homère chez Glocus, pour le portrait de Tobie.

LE PORTIER.

Parbleu! preuve d'érudition ; ils étaient aveugles tous deux, et puis il y avait aussi le chien.

ARLEQUIN.

Quel chien !

CASSANDRE.

Du reste, il y a beaucoup de couleur dans ce tableau.

LE PORTIER.

Ah ça, M. Cassandre, vous enverrez chercher les deux petits tableaux que vous avez acheté pour orner votre café.

ARLEQUIN.

J'y vais pour vous, M. Cassandre. (*à Colombine*) Ah ça, ma bonne amie, un petit mot à ton père.

COLOMBINE.

Soyez tranquille.

SCENE IX.

CASSANDRE, COLOMBINE.

CASSANDRE.

Eh bien ! tu viens de voir Arlequin ; conviens qu'il est bien aimable ?

COLOMBINE.

Oui, mon père.

CASSANDRE.

Un joli garçon ?

COLOMBINE.

Cela est vrai.

CASSANDRE.

Et qu'une femme serait bien heureuse de l'avoir ?

COLOMBINE.

Oh ! sûrement.

CASSANDRE.

Eh bien ! tu seras aussi heureuse que cette femme-là !

COLOMBINE.

Comment ?

CASSANDRE.

Sans doute, je te donne à Gilles.

COLOMBINE.

Mais, mon père, je ne l'aime pas.

CASSANDRE.

Vous l'aimerez; c'est un trésor pour mon café.

AIR : *Mon père était pot.*

Il me peindra sur le plafond
Les cieux en arabesque ;
Il me placera dans le fond
Des sculptures à fresque.
Sur mes grands trumeaux,
Mes jolis panneaux,
La mappemonde entière,
Et, dans mon café,
Bien mieux étoffé,
J'aurai toute la terre.

COLOMBINE.

Mais, mon père, pouvez-vous exiger de moi un sacrifice qui serait pire que celui d'Iphigénie?

CASSANDRE.

Qu'appellez-vous, Mademoiselle ? vous savez que les Cassandre n'ont jamais eu deux avis en fait de mariage.

COLOMBINE, *à part.*

Dieux! comment faire pour prévenir Arlequin?.... (*haut.*) Mon père!....

CASSANDRE.

Paix, ma fille.... J'entends quelqu'un. Ah! c'est vous, mon cher!....

SCENE X.

CASSANDRE, ARLEQUIN, COLOMBINE.

ARLEQUIN.

VOICI vos deux petits tableaux....

COLOMBINE.

Quel bonheur! il faut en profiter....N°. 270. C'est cela.... Comme ils sont jolis!.... Mon père, approchez donc pour les voir encore.

CASSANDRE.

C'était pourtant mes acquisitions....

COLOMBINE.

AIR : *J'aime le séjour de la ville.*

Regardez bien, c'est une mère
Que sa fille voudrait distraire,
En lui montrant du doigt
L'objet qu'elle voit.

CASSANDRE.

Cela se conçoit,
S'apperçoit,
Et se voit.

COLOMBINE.

L'amant qui vient de-là,
Se tourne par-là.

ARLEQUIN.

J'entends bien cela,
M'y voilà,
Là.

COLOMBINE.

En signe d'intelligence,

Vers l'amant son bras s'avance.

ARLEQUIN.

Sur son bras,
Il la baise en silence.

CASSANDRE.

Et non pas, il ne la baise pas.
Regardez donc ; c'est une lettre
Que la fille voudrait remettre.

ARLEQUIN.

Mais je n'apperçois rien.

COLOMBINE.

Ne voit on pas bien
Son air interdit,
Plein d'esprit,
Qui lui dit,
J'ai beaucoup de chagrin.
Vous m'aimez en vain ;
On donne ma main
Ce matin.

ARLEQUIN.

Hein !

COLOMBINE.

A Gilles. (*haut.*) Elle a bien l'air de dire cela : n'est-ce pas, mon père ?....

ARLEQUIN.

Il est fâcheux seulement que ce ne soit pas un père au-lieu d'une mère.

CASSANDRE.

Oh ! les pères ne se laissent pas attraper de la sorte. Voyons l'autre tableau.... Attitude peu naturelle.

ARLEQUIN.

Pardonnez-moi ; c'est la suite de l'intrigue. Voilà bien comme on remercie d'un pareil avis : au reste,

AIR : *Guillot a des yeux.*

Pour juger par comparaison,
Voulez-vous que je pose ?

CASSANDRE.

Bravo !

Colombine et toi mon garçon,
Offrez-moi cette pose ?

ARLEQUIN.

Formons le groupe de côté,
Je suis l'amant fidèle.

COLOMBINE.

Moi !

ARLEQUIN.

La maîtresse !

COLOMBINE.

En vérité,
La pose est naturelle.

SCENE XI.

LES MÊMES, GILLES.

GILLES.

QUE vois-je ?

CASSANDRE.

Arrive donc, Gilles ; je viens de faire une copie de ce tableau. Vois-tu l'effet ?

GILLES.

Ça me fait un fort vilain effet.

CASSANDRE, *à Colombine.*

Eh bien ! ne t'éloigne donc pas ?

COLOMBINE.

C'est pour représenter autre chose.

AIR : *Réveillez-vous, belle endormie.*

Entre la crainte et l'espérance,
Je voulais offrir à son tour,
Comme un tableau de circonstance,
La Prudence écartant l'Amour.

GILLES.

Vous choisissez joliment vos modèles. Encore si vous m'aviez pris pour mannequin.... Vous allez voir ; je vais me mettre à sa place. Il faut être vraiment amoureux pour poser de la sorte.

ARLEQUIN.

Qui vous a dit que je ne le suis pas ?

CASSANDRE.

Amoureux de ma fille !

ARLEQUIN.

Mais certainement, M. Cassandre. Vous savez que les Arlequins sont très-expéditifs en affaire de sentiment. J'ai vu Mlle. votre fille, je l'aime ; j'en suis fou, très-fou, et tellement fou, qu'il faut que ma folie passe par le mariage.

GILLES.

M. Cassandre, je vous ai annoncé mon chef-d'œuvre ; j'ai votre parole : ainsi....

ARLEQUIN.

J'ai fait votre portrait d'après nature.

COLOMBINE.

Qui est au Sallon.

GILLES.

Bien flatteur pour lui.

CASSANDRE.

Ceci mérite considération.

GILLES.

Vous plaisantez.

ARLEQUIN.

Vous savez que la peinture a toujours passé pour le premier des arts.

AIR : *On compterait les diamans.*

Parlant au cœur ainsi qu'aux yeux,
Des siècles bravant les outrages,
Le Peintre habile, ingénieux,
Rapproche les tems et les âges.
Grace à son art imitateur,
Chez nous l'amour, l'amitié pure,
Et l'innocence et la candeur,
Se trouvent encor en peinture.

GILLES.

Bah ! tout cela ne dit rièn ; il ne sait que manier le pinceau : moi, je sais bien autre chose.

CASSANDRE.

Le Limonadier du Muséum ne peut qu'être infiniment flatté de la recherche d'Artistes aussi distingués. Comptez sur ma stricte impartialité. Je connais l'ouvrage d'Arlequin ; je m'y suis reconnu ; il faut que je connaisse celui de Gilles.

GILLES.

C'est ça. Je vais passer avec les autres objets ; je ne paraîtrai point par modestie, et vous m'attendrez pour décider.

CASSANDRE.

Cela me paraît juste.

ARLEQUIN.

Non, M. Cassandre ; quelques tableaux qui n'avaient

point de destination, resteront dans la galerie d'Apollon; je suis assez heureux pour que votre portrait soit du nombre.

CASSANDRE.

Dans la galerie, ma fille, le doyen des Amateurs avec les Muses! Que je suis content! Me voilà immortel pour toute ma vie!

COLOMBINE.

Est-ce que nous allons tout voir sortir? Cela sera long.

ARLEQUIN.

Oh! que non. Croyez-vous qu'on se soit occupé de ce qui ne faisait que tapisserie là-haut?

AIR : *A la façon de Barbari, mon ami.*

De nuances et de couleurs,
Cet assemblage étrange
Offre aux yeux des vrais connaisseurs
Un singulier mêlange;
Du bleu, du verd, le tout bien cru,
Posé, passé, mêlé, fondu,
Blanchi, noirci, jauni, rougi,
Biribi,
A la façon de mon habit, Barbari.

CASSANDRE.

J'entends du bruit.... cela va commencer.

SCENE XII ET DERNIÈRE.

CASSANDRE, ARLEQUIN, LE PORTIER, GILLES, COLOMBINE, CURIEUX.

TOUS.

AIR : *Ah ! le bel oiseau, maman.*

Nous allons donc voir passer
Nos chefs-d'œuvres de peinture:
Laissez-en beaucoup passer,
Qui n'auraient pas dû passer.

CASSANDRE.

Pour voir les tableaux passer,
Cette place est la plus sûre;
Pour voir les tableaux passer,
Pour admirer leur sculpture.

ARLEQUIN.

Ah ! enfin la statue de Gilles.

CASSANDRE.

Fort bien.... Passons par ici pour voir en perspective.... posez-le ici un moment.... tournez.... bien... Cependant....

LE PORTIER.

C'est bien lui.

CASSANDRE.

La tête un peu grosse, et puis de travers sur les épaules.

GILLES.

Redressons-la tout doucement.

CASSANDRE.

Ah ! je me trompais ; elle est droite de ce côté.

ARLEQUIN.

C'est égal ; ce bras-là est trop court.

CASSANDRE.

Le nez ?

ARLEQUIN.

Ne parlez pas du nez, cela ferait longueur.

CASSANDRE.

Toute réflexion faite,

AIR : *Que le Sultan Saladin.*

Je n'aime pas ce portrait.

COLOMBINE.

L'ensemble en est imparfait.

ARLEQUIN.

Je trouve la cuisse énorme.

LE PORTIER.

Le pied plat, la jambe informe.

CASSANDRE.

Le corps est tout contrefait.

LE CHŒUR.

C'est vrai, très-vrai ;
D'un écolier c'est
L'essai.

LE PORTIER.

Convenez pourtant que la tête
A son air bête. (*bis.*)

LE CHŒUR ET LES AUTRES.

Oui, nous trouvons tous que sa tête
A l'air bien bête. (*bis.*)

CASSANDRE.

Allons, qu'on le remporte; et puisque Gilles n'est pas parlant....

GILLES, *sautant.*

Comment? je ne suis pas parlant!

CASSANDRE.

Ciel!

LE CHŒUR.

Quoi! c'était lui.

ARLEQUIN, COLOMBINE.

C'était lui.

GILLES.

Voyez mes bras : est-ce qu'ils ne sont pas de la même longueur? et mes jambes sont-elles de travers?

CASSANDRE.

Mais....

GILLES.

Vous voyez comme vous vous y connaissez.

CASSANDRE.

Vous avez voulu me tromper; c'est indigne, et je m'en tiens à ma décision.

GILLES.

Cela m'est égal : je pourrai toujours dire par-tout que vous ne vous y connaissez pas.

CASSANDRE.

AIR : *Ça, détalons.*

Allons, partez,
Emportez monsieur Gille.

CHŒUR.

Partez, partez,

Monsieur l'Artiste habile,
Au plaisir de vous voir.
Bon soir, beau connaisseur ; bon soir.

Quant à vous, mes enfans, je vous unis : j'espère que vous me ferez beaucoup de petits chefs-d'œuvres. Nous remonterons là-haut l'année prochaine pour y admirer d'autres ouvrages ; et, en attendant, nous irons voir de tems en tems la figure que je fais dans la galerie d'Apollon.

VAUDEVILLE.

CASSANDRE.

AIR : *Cœurs sensibles.*

QUOIQU'AUJOURD'HUI l'on retire
Maint chefs-d'œuvres du Sallon,
A l'abri de la satyre,
Et protégés d'Apollon.
Puisque chacun les admire,
De place ils ont beau changer,
Ce n'est pas déménager.

COLOMBINE.

Chez nous tout change sans cesse:
On voit passer tour-à-tour,
La fortune, la jeunesse,
La beauté, souvent l'amour;
Mais qu'au moins notre tendresse,
A l'abri de ce danger,
N'aille pas déménager.

LE PORTIE[R.]

Abjurant tout vain scrupule,
Et trouvant tout moyen bon,
Que de gens du vestibule
Sont entrés dans le Sallon.
Quoique chacun d'eux calcule
Que leur sort ne peut changer,
Il faudra déménager.

ARLEQUIN.

L'auteur du portrait de Gille,
Portrait tant soit peu léger,
Pour vous plaire au Vaudeville,
Ce soir est venu loger.
Si la critique incivile
Ne daigne le ménager,
Il craint de déménager.

FIN.

A PARIS, de l'Imprimerie rue des Droits-de-l'Homme, N°. 44.

www.ingramcontent.com/pod-product-compliance
Lightning Source LLC
LaVergne TN
LVHW021717230826
846091LV00006BA/2206

* 9 7 8 2 3 2 9 4 0 9 5 3 5 *